Gofi Müller
Den Stier bei den Hörnern packen
30 Gedichte

Einen Stier bei den Hörnern zu packen, ist keine gute Idee. Dennoch bleibt den meisten von uns nach dem Aufstehen am Morgen (oder wann auch immer das sein mag) nichts anderes übrig. Worauf es dann ankommt, fassen die Pferde des Achilleus zusammen:

XANTHOS (schnaubend und die Mähne schüttelnd): Das einzig sinnvolle Ziel scheint darin zu bestehen, dass dieser Ringkampf ausgetragen wird, bis einer der beiden Kontrahenten davon ablässt. Es wird also obsiegen, wer länger durchhält.
BALIOS: Und wer wird das Ihrer Meinung nach sein?
XANTHOS: Das fragen Sie ernsthaft?

Von diesem Ringkampf handeln die Gedichte (oder was auch immer sie sein mögen) des vorliegenden Buches: Sie erzählen von alltäglichen Herausforderungen (z. B. Liebeskummer, aggressiven Bürohöhlenmenschen, Älterwerden, der Suche nach dem Sinn des Lebens), die entweder im Hintergrund lauern, bereits in vollem Galopp über uns sind oder uns im Staub liegend zurückgelassen haben.

Ergänzt werden sie (die Texte, nicht die Herausforderungen) durch Illustrationen von Alica Waldmann.

DEN STIER
BEI DEN HÖRNERN
PACKEN
GOFI MÜLLER

Bibliographische Information der Deutschen Nationalbibliothek

Die Deutsche Nationalbibliothek verzeichnet diese Publikation in der Deutschen Nationalbibliografie; detaillierte bibliografische Daten sind im Internet über https://dnb.de abrufbar.

Erste Auflage 2024

Herstellung und Verlag: BoD – Books on Demand, Norderstedt
Covergestaltung: Manuel Steinhoff, chunkymonkeyproduction.de
Umschlagmotiv und Illustrationen: Alica Waldmann
Lektorat, Satz & Layout: Gofi Müller

ISBN: 978-3-75970-565-5

INHALT

*Für alle,
die mir bis hierher
geholfen haben.
Danke!*

JAKOB

Draußen klappern alte Zäune,
während hier drinnen Pinselborsten flüstern.

Am Tisch ersinnst du neue Träume,
Jakob, der Häusliche, der Stille
unter den lauten Männern.

Dein größter Kampf steht noch bevor.
Doch davon musst du jetzt nichts wissen.

Du liebst die Gegenwart der Frauen,
genießt ihr Necken und ihr Schelten
und lässt das Grobe Esau machen,

dort draußen bei den grauen Zäunen.

IM ELFENBEINTURM

There must be some kind of way outta here,
sagt der Narr zum Dieb
und lacht.
Er sieht aus wie Bob Dylan,
und klingt wie Leonard Cohen.
Es gibt keinen, sagt der Dieb.
Er hält sich ein Nasenloch zu,
beugt sich nach vorn
und rotzt auf den Boden des Kerkers,
in dem sie seit Jahren einsitzen,
zusammen mit Dichtern,
Musikern,
Tänzern,
Malern,
Sängern,
Tänzern,
Musikern,
Künstlern
und Dichtern.
Cis-Männer.
Keine einzige Frau ist unter ihnen.
Das macht sie wahnsinnig.
Denn alle sind sie heterosexuell
und verzehren sich nach

einer zärtlichen Berührung.
Der Narr löst sich aus den Armen des Diebes
und steht langsam auf.
Gleich wird die Wache kommen
und sie zurück in die Zellen treiben,
jeden alleine für sich.
Dort werden sie ihrer Arbeit nachgehen.
Die Sänger werden singen,
die Dichter dichten,
die Tänzer tanzen,
die Maler malen.
Nur der Dieb wird sich wie an jedem Tag
vor die Schlinge hocken,
die er in all den Jahren aus
Spinnweben geflochten hat,
und sich fragen,
ob er heute die Eier hat,
sich endlich aufzuhängen.
Denn wen soll ein Dieb bestehlen,
wenn er in Einzelhaft sitzt?
Die anderen Künstler haben es gut.
Sie klauen sich gegenseitig Ideen
und arbeiten dann in ihrer Einsamkeit daran,
es so aussehen zu lassen,
als seien es ihre eigenen gewesen.

Die Gittertür springt auf,
die Wächter sind da.
Sie quetschen sich aneinander vorbei
in das Innere des Turmhofes.

Ihre Chitinpanzer rascheln und knistern.
Ihre langen Fühler tasten sich ihnen voraus
in die Enge der Rundung
und streifen die panischen Gesichter
der Insassen.
Ihre rötlichen Facettenaugen schimmern
in Regenbogenfarben wie Seifenblasen,
während ihre Vorderbeine mit den
kleinen Klauen über die beinernen Platten kratzen.
Alle sehen sie aus wie William S. Burroughs,
aber nur, wenn sie dicht nebeneinander stehen.

There must be some kind of way outta here,
sagt der Narr erneut zum Dieb.
Glaube ja nicht, dass ich es besser habe als du!
Ich brauche jemanden,
dem ich meine Witze erzählen kann.
Wenn ich noch ein einziges Mal über
meine eigenen Witze lachen muss,
sterbe ich.
Stell dich nicht so an, sagt der Dieb,
Leute machen das jeden Tag.
So schlimm kann es nicht sein.
Ich akzeptiere das nicht mehr, sagt der Narr.
Seine weiße Schminke ist schon seit Jahren
abgeblättert,
nur hinter dem rechten Ohr klebt noch ein Rest.
Er nimmt seine schmutzige Narrenkappe ab
und stopft sie sich so tief in den Rachen,
dass er daran erstickt.

Die insektenartigen Wächter
stürzen sich auf ihn und lassen nichts
von seinem Leichnam übrig.
Für sie hat sich dieser Tag
schon einmal gelohnt.

Es ist ein hartes Leben im Elfenbeinturm,
denkt der Dichter,
ein wahrhaft hartes Leben.
Und eigentlich sollte man es gar nicht
als Leben bezeichnen,
eher als Sterben,
als langsames, kriechend langsames
Dahinsiechen,
das ist es in Wirklichkeit,
ein schleichender Tod, der sich
als Leben tarnt,
das ist die eigentliche künstlerische
Leistung dieser Schwachmaten,
denkt der Dieb,
dass sie es schaffen,
ihr qualvolles Dahinscheiden
als das wahre große Ding zu verkaufen,
als die eine Sache, die wirklich jeder
mal erlebt haben sollte,
und das Verrückte ist, sagt er sich,
das Verrückte ist, dass sie damit
Erfolg haben,
dass es wirklich Menschen gibt,
die ihnen das abnehmen,

die sie bewundern,
die ihre Nähe suchen,
als wüssten sie irgendetwas,
das andere nicht wissen,
dabei wissen sie doch nur eines,
sagt sich der Dieb,
nämlich wie man es schafft, dass alle
ihre Scheiße für Gold halten,
das sind die wahren Abzocker,
denkt er sich,
ich hab unter ihnen überhaupt nichts verloren,
ich zieh nur ein paar Idioten ab,
die nicht genug
auf ihre Habseligkeiten aufpassen,
aber die hier, denkt er, die
sind wirklich ganz groß,
die verarschen wirklich alles und jeden,
ganz besonders die Schönen, Reichen und Mächtigen,
also die, an die ich
niemals im Leben rankommen werde.

Und dann bewundert er sie am Ende
eben doch wieder, der Dieb,
während die insektenhaften Wächter
sie zurück in die Zellen treiben
und dabei ein schnurrendes Geräusch machen,
von dem er weiß, dass das menschliche Äquivalent
ein Schmatzen oder
ein knurrender Magen wäre,
und als er endlich in seine Zelle gestoßen wird

und die Tür hinter ihm ins Schloss fällt,
da überwindet er sich endlich,
nicht aus Verzweiflung,
sondern weil der Respekt vor
diesen Hochstaplern
es einfach gebietet.
Er streift sich die Schlinge
über den Kopf, und
die Fäden fühlen sich sanft an wie Seide,
und er erhängt sich an den Gitterstäben
des Fensters.

Und so hat der Narr eben doch recht gehabt.
Irgendeinen Weg raus gibt es immer.

MORGENS

Die anderen sind aus dem Haus,
und ich bleibe allein mit zwei Vögeln
und muss überlegen,
was ich mit so viel Tag
anstelle.

Die Küche.
Die Zimmer.
Die Vögel.
Die Wäsche.
Der Staub.

Hinten in der Wohnung
riecht es nach Käfig.

Ich habe noch nichts gegessen,
nur einen Liter Kaffee getrunken.
Ich könnte malen.
Ich könnte schreiben.
Mich um die Kohle kümmern.
Ich könnte schreien.

Erst einmal die Vögel.
Sie freuen sich auf jeden Tag,

als wäre es ihr erster
und letzter.
Zimmer lüften.
Müll rausbringen.
Betten machen.
Jetzt doch mal was essen.
Wäsche kommt später.

Das Bild, an dem ich arbeite,
überfordert mich.
Wem will ich was vormachen?
Ich habe keine Ahnung, was ich da tue.
Seit Monaten nichts geschrieben.
Mein Roman könnte gut werden.
Wenn ich an ihm arbeiten würde.

Dann doch lieber E-Mails.
W. fragt nach ein paar Ideen.
S. will sich gerne treffen.
P. auch.

Wie soll das gehen?
Ich hab mich heute
noch nicht mal selbst getroffen.

ABSAGE AN EINE SPEZIES

Du wunderst dich vielleicht,
Maschinenmann,
dass wir Gefühle haben.
Wir wissen, wie das ist,
wenn's schmerzt, die Angst
vor dem Alleinesein.
Es kommt zuweilen vor,
dass wir die Klotür feste schließen
und dann, wenn keiner schaut,
die eine oder andre Träne
ins Pissoir vergießen.
Und ja, so ist es wirklich,
du inkarnierter Eisberg:
Wir haben unsere Grenzen.
Und nein, wir nehmen uns nicht vor,
kalt über sie hinaus zu leben.
Wir können's nicht, wir haben
es schon mal versucht.
Kläglich sind wir gescheitert.
So wirst du wohl, Maschinenmann,
mit uns zu leben haben,
wenn das, was du da produzierst,
denn ‚Leben' heißen darf.

DUBLIN

Wenn ich du wäre,
lebte ich in Dublin
oder Cashel
oder Cork.

Ich spräche Englisch
oder Gälisch,
vermutlich beides.

Vielleicht würde ich weniger trinken,
vermutlich eher mehr.

Trotzdem wäre ich dünner.
Meinen rechten Oberarm
zierte ein Tattoo.

Meine Freundin hieße
Peggy oder Sue.
Sie hätte einen Sohn,
vielleicht von mir,
vielleicht von einem andern.

Wenn ich du wäre,
hätte ich einen Job,
vermutlich aber keinen.

Ich zeigte Haut
bei jedem kurzen Sonnenstrahl
und manchmal auch bei Regen,
genau wie Peggy oder Sue.

Wenn ich du wäre,
liebte ich das Meer
und lebte in der Stadt.

Ich wäre stolz auf meine Freunde
und träfe sie im Pub
oder beim Hurling.

An jedem freien Abend
säßen wir am Tresen
und tränken Guinness oder Murphy's.

Wir grölten und
wir lachten und
wir schimpften auf den
reichen Nachbarn Deutschland.

Und heimlich träumten wir
von einem Leben in Berlin
oder auch Hamburg.
Und ich träume von Dublin.

AUFMERKSAMKEIT

Ich bin dazu aufgerufen worden,
die Rebellion im Iran
nicht weiter zu ignorieren,
es heißt,
dass die Gräueltaten des Regimes
beachtet werden müssen,
um sie zu verhindern.

Außerdem
bin ich aufgefordert,
dafür zu sorgen,
dass Deutschland endlich
Leopard-2-Panzer in die Ukraine schickt.
Es ist besonders wichtig,
dass ich das heldenhafte Opfer
der tapferen Soldatinnen und Soldaten
würdige.

Auch die Massaker, die
von aserbaidschanischen Soldaten
an Armeniern und Armenierinnen
verübt werden, müssen
von mir registriert werden.

Ich sollte mir allerdings nicht
die Videos anschauen, in denen
Uniformierte Zivilisten
mit ihren Maschinengewehren
ummähen.

Auch das Abtrennen von Gliedmaßen,
die Vergewaltigungen,
das Begraben von Menschen bei lebendigem Leib
oder das Verbrennen wahllos Herausgegriffener
sollte ich mir nicht ansehen.
Zwar wird es mir ausdrücklich freigestellt,
doch wird mir nicht dazu geraten.

Ebenfalls optional, aber
im Allgemeinen sehr naheliegend,
ist meine Empörung über
Richard David Precht.

Eigentlich ist er zu unbedeutend,
um ihm meine wertvolle Aufmerksamkeit
zu widmen, die immerhin benötigt wird,
Zehntausende unschuldiger Menschen
vor Folter, Hunger und
dem gewaltsamen Dahinscheiden
zu bewahren,

doch wenn ich noch Kapazitäten hätte,
könnte ich auf X, ehemals Twitter,

einen Screenshot, der ihn zeigt,
mit einem Loriot-Zitat versehen.

Über die Massaker in Äthiopien
habe ich schon lange nichts mehr gelesen.
Ich kann mir nicht vorstellen,
dass sie schon damit aufgehört haben,
Männer zu schlachten,
Frauen zu vergewaltigen und
Kinder verhungern zu lassen.

Vor Australien sterben viele Wale.
Ich sollte auch ihnen
etwas Aufmerksamkeit zukommen lassen.
Und in Japan bringen sich Menschen
vor einer nordkoreanischen
Rakete in Sicherheit,
habe ich am Morgen
flüchtig wahrgenommen.

Immerhin:
Heute Abend spielt Eintracht Frankfurt
gegen Tottenham Hotspur.
Ah, diese Champions-League-Hymne!
Herrlich!
Aber kitschig bis zum Gehtnichtmehr.

EINERLEI

An einem Sonntag wurde
das Kreisen der Aasgeier
unterbrochen,
als die Tiere des Tals
sich darauf besannen, dass
auch sie ein Recht auf Leben hatten,
und sich entschlossen,
sich nicht kampflos zu ergeben.

Die Heuschrecken
stellten ihr hämisches Zirren ein und
lauschten verunsichert,
satt und müde wie sie waren,
ob die Vierbeiner den Zwei- und Sechsbeinern
tatsächlich von nun an das
Fressen und Tilgen
erschweren würden.

Es war ein alter Geier, der,
auf einem abgestorbenen Baume hockend,
das göttliche Recht auf Beute verkündete,
das seiner Art seit jeher zugebilligt worden war.

Wer außer uns, knarrte er,
sollte sonst dafür sorgen, dass
das Antlitz der Erde
vom Alten, Schwachen und Nutzlosen
gereinigt wird?

Vielstimmiges Gezirpe der Heuschrecken
bekundete Beifall,
doch die Vierbeiner beharrten
auf ihrem Recht auf Leben
und fletschten die Zähne.

Die Geier beschlossen darauf hin,
sich nicht mit dem Ausweiden bereits
verstorbener Tiere zu begnügen,
und fielen jetzt auch über die lebenden her.

Es war einerlei.
Die Heuschrecken hatten ohnehin
nichts Essbares mehr übrig gelassen.

NACHRICHTEN

Während Lula den Außenminister Lawrow hofiert und Wagnersoldaten zugeben, dass sie fünfjährigen Kindern in den Kopf geschossen haben, fliegt eine Ente über die Dächer der Campingmobile und verschwindet in Richtung Strand, an dem rüstige Herrschaften ihre E-Bikes besteigen und Menschen

sich darüber austauschen, welche Hunderasse die pflegeleichteste, aber auch unterhaltsamste sei, doch hat da die Ente ihre Runde schon wieder beendet und kehrt zurück in Begleitung eines Erpels, mit dem sie noch nicht kopuliert hat, denn es kümmert sie überhaupt nicht,

dass Angela Merkel den höchsten Verdienstorden erhalten hat, den die Republik verleihen kann, oder dass in Khartum Menschen in dem Krieg zweier Warlords sterben, die gleichzeitig gewählte Politiker sind und kein Problem damit haben, ihre eigenen Wähler, zu töten, denn

es geht schließlich um etwas anderes, denkt sich die Ente, die jetzt das Dach ihres Lieblingswohnwagens erreicht hat und sich behaglich darauf niederlässt, un-

geachtet der Versuche des Besitzers, seine temporäre
Wohnstatt von Vogelscheiße freizuhalten, immerhin

könnte er sich mit wichtigeren Dingen beschäftigen,
zum Beispiel damit, dass der Erzbischof von Freiburg
Hunderte von Sexualverbrechen an Kindern vertuscht
hat, oder damit, dass eine Zwanzigjährige erschossen
wurde, weil ihr Freund versehentlich in die falsche Ein-
fahrt fuhr, doch wäre es natürlich ebenso möglich

darüber nachzudenken, dass es schön ist, dass die
Sonne scheint und dass du hier bist und dass wir ge-
meinsam darüber lachen, wie unvorteilhaft Fahrradhel-
me aussehen und wie grimmig Menschen auf
Fahrrädern schauen, obwohl es so vieles gäbe, über
das sie sich freuen könnten, und vermutlich tun sie
das auch, nur dass Arsch und Beine gerade einfach
weh tun, oder

sie haben die Nachrichten gelesen.

I'M DETECTIVE MILLS

Das Watt ruht in Braun und Grau.
Es verliert sich in Nebel und Dunst.
Nichts los auf dem Campingplatz.
Man flieht vor dem Regen ins Innere der Wagen.
Gelegentlich prallen Tropfen an meine Scheibe.
Der Wind hat ausnahmsweise nachgelassen.
Sie fallen beinahe senkrecht.

CUT

Haus eines Mordopfers, innen, Tag
NahaufnahmeTastschwenk nach oben
Funkgeräte, Straßengeräusche

    Ein Toter liegt in einer Blutlache
bäuchlings auf dem Boden. Er ist mit
Boxershorts und T-Shirt bekleidet. Im
Hintergrund sind schemenhaft eine
Kommode, ein alter Sessel und ein
Heizkörper unterhalb des Fensters zu
erkennen. Durch das Fenster, das die
einzige Lichtquelle zu sein scheint,
fällt mattes Tageslicht auf den Kör-
per des Mannes.

        DETECTIVE (off camera): NEIGHBOURS
HEARD THEM SCREAM AT EACH OTHER.
LIKE FOR TWO HOURS. IT WAS NOTHING

NEW. THEN THEY HEARD THE GUN GO
OFF. BOTH BARRELS.

CUT

Drei Möwen tauchen rechts oben
hinter dem Gebäude auf.
Sie beschreiben einen Bogen, überfliegen
die äußerste Ecke des Campingplatzes
und verschwinden über den Wipfeln
des Wernerwaldes Richtung Landesinnere.
Ein weißes Auto kriecht
einen schlammigen Pfad entlang.

CUT

Leichte Untersicht wechselt zu Unter-
sicht, Halbtotale wird zu Nahaufnahme
Funkgeräte, Straßengeräusche

SOMERSET, in Hut und Mantel, tritt in
die Küche des Hauses. Im Vordergrund
ein Kühlschrank, dessen Tür voller
Notizzettel hängt. Im Mittelgrund ein
Treppenaufgang von unten. Im Hinter-
grund, von **SOMERSET** verdeckt, der **DE-
TECTIVE** im Türrahmen des Zimmers, in
dem die Leiche vermutlich liegt. An
einem heruntergelassenen Rouleau ist
ein großer Blutfleck zu sehen.

> SOMERSET geht auf die Kamera zu,
> Richtung Kühlschrank.
> DETECTIVE (on camera): CRIME OF
> PASSION!
> SOMERSET: YEAH! JUST LOOK AT ALL
> THE PASSION ON THAT WALL!

CUT

Vom Fenstersims fallen große Tropfen herab.
Manche weht der Wind auf das Fensterbrett,
an dem ich sitze.
Sie schlagen mit einem hörbaren Ploppen auf.
Das Wasser des Grabens dort unten,
auf dem vorhin drei Enten landeten,
kräuselt sich. Wind und Regen
lassen es nicht zur Ruhe kommen.

CUT

> SOMERSET bleibt vor dem Kühlschrank
> stehen, setzt seine Brille auf und
> beugt sich zu den Notizen hinab. Die
> Kamera folgt seiner Bewegung. Der DE-
> TECTIVE bleibt unscharf im Hinter-
> grund.

> DETECTIVE: YEAH, BUT THIS IS A DONE
> DEAL, ALL BUT THE PAPERWORK.
> SOMERSET: DID THE KID SEE IT?

DETECTIVE: WHAT?
SOMERSET (dreht den Kopf in Richtung des DETECTIVES): THE KID!

CUT

Die Bauarbeiten an dem
mehrstöckigen Gebäude ruhen.
Der Kran bewegt sich nicht.
Der stete Wind aus Ost/Nord-Ost
zerrt am am Haken hängenden langen Netz.
Von den Arbeitern fehlt jede Spur.
Sie werden sich ins Trockene zurückgezogen haben.

CUT

Leichte Untersicht, halbnah
Funkgeräte, Straßengeräusche

Der **DETECTIVE** ist jetzt das erste Mal
scharf zu sehen: dunkler Mantel,
Dienstmarke, Waffe, zivil, noch immer
in der Tür des Zimmers stehend und
SOMERSET ansehend.

DETECTIVE: WHAT A FUCKIN' QUESTION
IS THAT? NOW, WE ALL GONNA BE REAL
GLAD, WHEN WE GET RID OF YOU,
SOMERSET! D'YOU KNOW THAT?

CUT

Im Süden zieht ein langes Wolkenband über den Wald.
Es schwebt so niedrig, dass es die Wipfel
zu berühren scheint.
Darüber wird der Himmel heller.
Eine Ente segelt vorbei
und verschwindet am linken Rand des Fensters.

CUT

Leichte Untersicht, nah
Funkgeräte, Straßengeräusche

   SOMERSET, diesmal von der anderen
   Seite, steht noch immer vor dem Kühl-
   schrank, über die Notizen gebeugt. Im
   Hintergrund (unscharf) ein Küchen-
   tisch, ein Fenster, vor das ein Rou-
   leau gezogen ist. Auch hier scheint
   das Tageslicht die einzige Lichtquel-
   le zu sein. **SOMERSET** richtet sich
   langsam auf und nimmt die Brille ab,
   ohne aufzusehen.

      DETECTIVE (off camera): IT'S ALWAYS
      THESE QUESTIONS WITH YOU. „DID THE
      KID SEE IT?" WHO GIVE'S A FUCK?
      HE'S DEAD! HIS WIFE KILLED HIM.

Er dreht sich um, während er spricht,
und geht in das Zimmer des Toten hin-
ein.

ANYTHING ELSE HAS NOTHING TO DO
WITH US.

CUT

Auf der Sandbank Hoher Knechtsand liegt
eine stark verweste, teilweise skelettierte
Frauenleiche.
Das Ergebnis der Obduktion ist eindeutig.
Es handelt sich um **MAREN H**.
Sie war nach einem Ausflug ins Watt
spurlos verschwunden.
In der letzten WhatsApp an ihren Mann schrieb sie:
HALLO INGMAR! ICH BLEIBE AUF NEUWERK.

CUT

Ausgleichsschwenk von links oben nach
rechts unten, halbnah
Schritte auf der Treppe

Der Fokus der Kamera verlagert sich
vom **DETECTIVE** auf **MILLS**, der jetzt
voll im Bild erscheint. Der **DETECTIVE**
dreht sich halb nach ihm um und wen-
det sich dann wieder ab. Der Blutfleck

auf dem Rouleau im Hintergrund um-
rahmt seinen Kopf wie eine Aureole.
MILLS sieht sich fragend um. Dann
spricht er in **SOMERSETS** Richtung.

    MILLS: DETECTIVE SOMERSET?

CUT

Ich suche dich hier,
und ich suche dich dort.
Ich erahne dich in meinen Geschwistern:
den Bäumen,
dem Regen,
dem Wind,
den Wolken,
den Vögeln
und ja, auch den Menschen.
Begegne mir
in jedem lebenden Ding
und wenn du willst, auch in den toten.

CUT

Leichte Untersicht, Nahaufnahme
Funkgeräte, Straßengeräusche

   Der angesprochene **SOMERSET** blickt
auf. **MILLS** (frontal) sieht **SOMERSET**

an und stellt sich kaugummikauend
vor:

MILLS: I'M DETECTIVE MILLS.

SÜNDENFALL

Seit Jahrmilliarden formst du
Leben aus Materie.
Und ehe du sie selbst
sich überlässt, sagst du
ihr zu, sie niemals
zu verlassen.

Nackt staunend steht sie da.
Und schließlich krabbelnd,
denn laufen will gelernt sein,
erobert sie die Weite,
stürzt sich in Arbeit,
formt, wie sie geformt.

Du hältst den Atem an
und strömst ihn wieder aus,
bang, freudig wartend,
suchend, staunend.

Dein Herz geht aus zu ihr,
die sich um Kleines müht.
Voll Spannung sehnst du dir
den Augenblick herbei,

den du schon vor Äonen selbst
erdachtest.

Und sie
kehrt dir den Rücken zu.

AN DIE PERSON, DIE MEINTE, WISSENSCHAFTLICHE FAKTEN SEIEN LETZTLICH EINE FRAGE DER INTERPRETATION

Um auf einem Besen reiten zu können,
braucht es möglicherweise
ein nicht allzu breites Gesäß, dafür aber
umso größeres Vertrauen –

Vertrauen in das Sosein eines Gegenstandes, der
nicht den Anschein macht, dass
auch nur eines seiner Charakteristika
dem Auftrieb oder Gleiten
oder irgendeinem anderen jener Phänomene
Vorschub leisten könnte,
die im Falle sonstiger fliegender Objekte
notwendigerweise auftreten müssen.

Es ist deshalb nicht anzunehmen, dass man,
wenn man sich auf einen Besen setzt, indem man
den Stiel zwischen die Beine klemmt, und sich
von der Kuppel des Reichstages

abstößt, sehr viel länger als etwa 20 Sekunden durch die Luft fliegen würde.

Versuchen kann man es natürlich trotzdem.

ARMER PENSIONÄR

In aller Herrgottsfrühe
stehst du bereits bereit.
Du fegst die Platten, gießt die Beete,
jätest und beschneidest.

Vierzig oder fuffzig Jahre
rücksichtslose Plackerei –
das ist vorbei,
und vor dir liegt der aussichtslose Rest.

Naht sich ein Auto, hältst du inne
und hoffst auf einen Gruß
oder nen Wink oder ein Nicken,
als Zeichen, dass du lebst.

Und jedes Mal gebe ich vor,
ich hätt' dich nicht gesehen.
Denn was du willst und was du brauchst,
das kann ich dir nicht bieten:

Erlösung aus dem hübsch geblümten,
gutgepflegten, kurzgetrimmten,
kitschig-spielerisch verzierten,
gnadenlosen Freizeitlager.

So geb ich Gas und tue so,
als hätt' ich keine Zeit.
Du armer Pensionär.

SENIOREN UND AMEISEN

(Dieser Text entstand im Duhner Ringwall, *einer bron-
zezeitlichen Ringwall-Anlage, die in der* Duhner Heide
*bei Cuxhaven gelegen ist. Die Anlage ist 3500 Jahre alt,
ihre Funktion unbekannt. Möglicherweise handelt es
sich um einen sakralen Ort oder Versammlungsplatz. In
seiner unmittelbaren Umgebung finden sich eine Reihe
von Grabhügeln, mit Resten von Brandbestattungen
bzw. Scheiterhaufenresten.)*

Ich flüchte vor ihnen
in die uralte Kultstätte,
über der die Sonne brütet,
in der die Luft auf einmal stickig wird.

Denn der Wind, der bisher stetig blies,
wird von den ehrwürdigen Wällen
aus Erde abgehalten,
die die Vorfahren errichteten.

Über mir kreischen Möwen zornig.
Von draußen höre ich zuweilen Rufe,
betagte Stimmen, die sich
über Baum- und Reifenrauschen
kurz und knödelnd kommentieren.

Wie Käfer emsig strampelnd,
flitzen sie vorbei an Gras und Strauch

in braunen Westen und in Karohemden,
die Plastikhelme fest auf graues Haar gepresst.

Wo seid ihr Ahnen jetzt,
ihr, die ihr diesen Ort errichtet habt?
Wem gehört er heute?
Bin ich denn hier willkommen?

Eine rot-schwarze Ameise krabbelt unter mir und müht
sich ab mit einer viel zu großen Last, sie kreuzt die
Wege einer anderen, die auch die Wege einer anderen
kreuzt die Wege einer anderen.

Und während ich das Krabbeln
unter mir betrachte und immer mehr
und immer noch mehr Ameisen entdecke,
frag ich mich,

wie sie wohl aussähen,
in Karohemden steckend und
mit Plastikhelmen.

ICH WILL NICHT ALT SEIN

Solange du nur meine Silhouette siehst,
fall ich dir nicht besonders auf.
Ich wirke wie ein ganz normaler
Dreißigjähriger.
Enge Jeans und Sneakers,
die du vielleicht auch tragen würdest,
wenn sie dir gefielen.
Erst, wenn das Licht auf mein Gesicht fällt,
zuckst du leicht zusammen
und fragst dich, was wohl
mein scheiß Problem ist.

Du siehst die Falten, graue Haare,
die lose Haut um Augen, Kinn und Wangen.
Ich seh' nicht scharf.
Die Augen schwimmen suchend und verletzlich
hinter Gläsern meiner Lesebrille
hin und her.
Ein Hoodie oder Sweatshirt
flattert um den Körper.
Oder etwas anderes,
das nicht zu meinem Alter passt.
Denkst du zumindest

und fragst dich,
was wohl mein scheiß Problem ist.

Ich will nicht alt sein.
Ich will nicht älter werden.

Ich fahre täglich Fahrrad,
faste im Intervall,
mach Work Out mit ner App,
die mir auf Instagram empfohlen wurde.
Ja, Instagram, nicht Facebook.
Da sind nur alte Leute.
Ich bin nicht alt.
Jedenfalls nicht so.

Ich bin die Generation X.
Du nennst mich Boomer,
weil's auch schwer ist
mit all den unterschiedlichen Begriffen.
Doch X, das bin ich wirklich.

Nirvana habe ich gehört,
als es noch cool war.
Nie werde ich den Tag vergessen,
als mich Smells Like Teen Spirit
im Autoradio erwischte.
Du sagst, du kennst den Song nicht.
Oder doch, manchmal auf Partys,
da läuft er hin und wieder
als Teil einer Playlist irgendeines

Dudes mit Alkoholproblemen
und ziemlich grauen Haaren.

Ich fuhr das Auto an die Seite
und blieb so lange sitzen,
bis auch der letzte Ton verklungen war,
weil ich das nicht begriff,
was ich da gerade hörte.
Das war kein Song.
Das war ein Phänomen.
Ein Tritt, ein Hieb,
ein Faustschlag auf die Körpermitte.
Einer, der mich glücklich machte,
weil er mir sagte:
Du bist da.
Es gibt dich wirklich.
Du bist auch nicht allein.
Den anderen geht's genauso.

Als neunzehnhundertvierundneunzig
sich eine Schrotflinte entlud
und Kurt Cobain den Kopf wegblies,
da fingen wir zu altern an.
Er war schon vorher tot,
doch wussten wir das nicht.

Er hat das nicht erlebt:
die schlaffe Haut,
die schwachen Augen,
die schlechte Kondition.

Seine Probleme waren andere:
kaputter Magen,
Heroin,
Schmerzen ohne Ende.
Und dann noch wir Idioten,
die wir ihn liebten,
die seine Worte sangen
und davon nichts kapierten.
Er war schon alt,
steinalt, mit Ende zwanzig.

Ich will nicht alt sein

Wenn ich es nur geahnt hätte,
wie wenig selbstverständlich
straffe Haut ist
oder Muskeln, die sich
auf- statt abbauen.
Die mühelose Schönheit eines
jungen Körpers sah ich
stets nur bei anderen,
doch niemals bei mir selbst.

In Würde wollt' ich altern.
Machte mich lustig über Greise,
die drahtig, schlank und fit
durch ihre Wälder rannten,
in straff sitzenden Klamotten,
die lose Haut und Muskeln
an morsche Knochen presste.

Ich hatte keine Angst vorm Alter.
Ich glaubte nämlich nicht daran,
dass ich selbst altern würde.

Jetzt bin ich alt.
Ich will nicht alt sein.

Doch neulich,
da sah ich in den Spiegel,
betrachtete die Falten,
die dünnen, grauen Haare
und dachte: Fuck you!
Sei stolz, dass du noch lebst.
Du hast dich nicht davongemacht,
hast dir den Lauf nicht in den Mund gesteckt.
An diesem einen Tag hast du dir nicht
das Seil mit in den Wald genommen
und bist zurückgekommen.

Jede Falte, jedes graue Haar sagt,
dass du wieder aufgestanden bist,
als dich das Leben umgetreten hatte.

Es ist noch nicht vorbei.
Es gibt noch was zu tun.
Die Nazis sind zurück in Parlamenten
und auf der Straße.
Die Menschheit gibt der Erde
den gnadenlosen Rest.

Und Hass und Idiotie vermehren sich
wie eine Seuche.

Raff deine lose Haut um dich.
Hör auf zu heulen.
Mach weiter.

Denn du bist alt.
Und du hast keine Zeit
mehr zu verlieren.

VOM LOSLASSEN

Hermann ist ein bisschen zwanghaft.
Niemals verlässt er das Haus
ohne einen Regenschirm und
eine Aktentasche,
in der sich alles befindet, was
ihm wichtig ist:

seine Geldbörse,
sein Führerschein,
sein Personalausweis,
sein Impfpass,
ein Kugelschreiber,
ein Foto seiner Kinder
und ein Bierdeckel,
auf dem eine Kneipenbedienung
ihm ihre Telefonnummer
hinterlassen hat.
Sie war dick und hieß Maritta.
Das ist jetzt 15 Jahre her.

Wo Hermann geht und steht,
hat er seinen Regenschirm und
seine Tasche dabei.
Auch jetzt.

Doch verwundert muss er feststellen,
dass es ihm zum ersten Mal
in seinem Leben schwerfällt,
diese beiden Dinge festzuhalten.
Dabei ist er ein guter Schwimmer.
Er hat einen kräftigen Beinstoß.
Aber das scheint ihm nichts zu nützen.
Die Wellen sind einfach zu groß.

Hoch über ihm an der Reling
steht der Matrose des Butterfahrt-Kahns,
von dem er eben gerade
ins Wasser gefallen ist.
Schon zum fünften Mal wirft er ihm
den Rettungsring zu.
Nu halt dich schon fest, du Penner!

Diesen Ton muss er sich wirklich
verbitten, denkt Hermann,
kurz bevor er absäuft.
Hat dieser Flegel überhaupt
eine Vorstellung davon,
was Dinge einem Menschen
bedeuten können?

DAS FUNDAMENT

Du kannst nicht immer gewinnen.
Niemand kann immer gewinnen.
Und ich sag dir auch, wieso:

Weil Menschen, die immer gewinnen,
eine Verkehrung natürlicher Gesetze
und Prinzipien sind.

Diese Welt funktioniert so nicht.
Sie baut nicht auf den Siegern auf.
Es sind die Verlierer,
die das Fundament bilden.

Die Sieger sind nur
die Kirchturmspitze,
der Wetterhahn,
die goldene Kugel auf der
Punta della Dogana,
die Feuer des Leuchtturms
Alexandrias,
die Vogelscheiße auf dem Haar
des Koloss' von Rhodos.

Nein! Die Verlierer sind es.
Sie sind der Beginn,
die Grundlage,
die notwendige Voraussetzung
für alles andere.

Deshalb
kannst du nicht immer gewinnen.

Und tust du es doch –
sieh zu, dass sich das ändert!

FLASCHENPOST

Es war an einem dieser lauen Tage,
an denen die *boys*,
weil sie nicht wissen,
wohin mit ihren Muskeln,
sie in Trägerhemden stecken,
während die *girls*
ihre Brüste spazieren tragen.

Ich stand am Strand.
Die Wellen schwappten banal
über meine Zehen,
während der Wind mir durchs Haar strich –
so wie Tausenden anderen auch
zur selben Zeit.

Gelangweilt dümpelten Boote an der Mole.
Sie hätten gerne etwas zu tun gehabt.
Doch gefischt wurde hier
schon lange nicht mehr,
und die Touristen blieben aus.

Das Glas der Flasche nahm allmählich
dort, wo ich sie in den Händen hielt,
Körpertemperatur an.

Sie enthielt ein weiteres Lebenszeichen,
ein Stück Papier mit ein paar Zeilen darauf.

Zweifelnd blickte ich über die Wellen.
Verwaschenes Blau-Grau versuchte
eine Frage zu beantworten,
die das weiße Licht nicht gestellt hatte.

Ich warf die Flasche so weit ich konnte.
Noch diesseits der Boote klatschte sie ins Wasser.
Dann schaukelte sie davon
und gesellte sich zum Müll,
den die Ozeanriesen hinterlassen hatten.

Ich öffnete die Hose,
pinkelte ins Wasser
und genoss die flüchtige Wärme des Urins.

ICH HABE ES VERSUCHT

Ich bin voll ausgerüstet.

Der Anzug saugt sich an die Haut.
Das Segel ist gespannt.
Das Board lechzt nach dem Wasser.
Der Wind weht stetig aus Nordost.
Die Sonne brennt ihr Bild
in jede dunkelgrüne Welle,
die's weißlich schäumend abstreift.

Beim Eintreten ins Wasser
schrumpft mein Hodensack zusammen.
Mit klammen, nassen Fingern
kralle ich mich in die Griffe
des prall gespannten Nylons.

Und mit den Knien auf dem Brett,
mühsam ums Gleichgewicht bemüht,
erklimme schließlich ich die aufgeraute Fläche
und setze tastend Fuß an Fuß.

Schwankend,
ruckend
nimmt das Gefährt die Fahrt auf,

vorangetrieben durch den
gnadenlosen Wind,
den ich doch brauche,
um dies Vorhaben zu meistern,
um mir und andren zu beweisen,
dass ich zu dem,
was dieser Gaffer dort am Ufer
sich nie trauen würde,
fähig bin.

Ich schwanke, ringe, stürze
zum vierten, siebten Mal,
als eine Möwe sich
mit weit gestreckten Flügeln
ganz lässig in den Wind stellt
und kreischend lacht,
als wüsst' ich es nicht selbst.

Ich klettere erneut.
Ich strauchle, falle, tauche,
erklimme, schwanke, stürze
und klammre mich ans Brett.

Wenn ich das überleben sollte
und später bläulich schnatternd
zurück ans Ufer steigen werde,
werd' ich nicht klüger sein.
Nur eines werd' ich sagen können:
Ich habe es versucht!

Den großen Tankern dort am Horizont
wird das jedoch egal sein.
Vielleicht wird wenigstens
die Möwe mich vermissen.

ENDLICH: EINE NACHRICHT

Bitte kannst du mir einen Gefallen tun?
Mit der Übernahme meines Erbes
in Ihre Sorge für ein gutes Projekt
in Ihrem Land
Obwohl diese Kommunikation
erstaunt aussieht,
bin ich sehr verzweifelt,

Das ist Caroline.
Sie hat mir eine Nachricht geschrieben.
Ich bin unsicher, was sie meint.
Aber sie scheint mich zu brauchen.
Wenigstens sie!

dieses Vermächtnis sofort
wegen meines bösen Verwandten,
der nach meinem Leben
wegen dieses Vermächtnisses ist,
zu übertragen.

Ist sie in Not?
Fürchtet sie gar
um ihr Leben?
Wie kann ich helfen?

Dies ist der Grund, warum ich
deine Hilfe brauche, um dieses Geld
auf ein sicheres Konto zu überweisen
Ihr Land für Investitionsprojekte jeder Art,
die Sie am besten kannten,
ich möchte auch weiterhin
meine Ausbildung fortsetzen
und friedlich und sicher in Ihrem Land leben

Während ich ihre Nachricht studiere,
zu verstehen versuche,
was sie von mir will,
vibriert das Telefon
in meiner Hosentasche.
Hast du mir endlich
geantwortet?
Nein, die Fitness App ermahnt mich,
dass es Zeit ist,
zu trainieren.

Hier ist ein wenig über mich.
Ich bin eine Frau,
namens Jean Caroline
Single nie verheiratet,
22 Jahre alt,
meine Hobbys sind:
Lesen, Reisen, Handball spielen mit Tischtennis
und Pflege für Menschen

Sportlich, jung, verspielt,
Handball mit Tischtennis.
Kein Wunder,
dass sie, allein
in einer feindlichen Welt,
eine freundliche Seele sucht.
Gut, hat sie sich
an mich, zu wenden.

Ich bin ein Christ,
aber ich respektiere den Glauben
und die Religion anderer Menschen

Warum antwortest du nicht?
Ist dein Telefon kaputt?
Bist du in ein anderes Land geflohen?
Bist du tot?
Sag mal, ghostest du mich?

Aber vielleicht weißt du wirklich nichts
von meinen Nachrichten
und auch nichts
von meinen Gefühlen.
Obwohl ich nicht weiß,
wie ich sie dir noch deutlicher
hätte zeigen können.
Oder ist genau das
das Problem?

Die von meinem verstorbenen Vater
hinterlegte Summe beträgt
sieben Millionen und fünfhunderttausend Dollar
Ich bin bereit, Ihnen 20 Prozent
des Gesamtbetrags, den ich brauche,
zuzuschlagen,

Ich gebe zu, dass ich nicht gerade
ein Hauptgewinn bin:
alt, geschieden, vernarbt und verschroben.
Die vergangenen Jahre haben
Spuren hinterlassen.
Wer will das sehen?
Wer will sich ernsthaft
auf so etwas einlassen?

damit dieses Geld sofort
in Ihr Land überwiesen wird,
für eine profitable Investition,
die Sie verwalten,
bis ich meine Ausbildung in Ihrem Land
abgeschlossen habe.

Du bist 22,
machst deine Ausbildung,
bist jung und sportlich und willst,
dass ich kümmern mich soll
um dein Geld und um dich?

Wenn es eine Frage gibt,
Bitte zögern Sie nicht mich zu fragen
Grüße
Caroline

Ja, bitte danke:
Was halten würdest Sie davon,
wenn treffen wir uns
vielleicht in einem Café
oder Tischtennis zu spielen
mit Handball,
Dear Jean Caroline?

HINEINGERATEN

Der Doktor ist gleich bei Ihnen,
sagte die junge Schwester
und verschwand hinter dem grünen Vorhang,
der das Behandlungszimmer
vom Rest der Werkstatt abgrenzte.

Traurig tropfte der Stumpf
meines rechten Armes
auf den kalten Beton,
während ich die Hand fest
unter die linke Achsel klemmte,
um sie nicht zu verlieren.

Von jenseits des Vorhanges
erscholl das Schlagen eines Hammers
auf Blech.

Wo um alles in der Welt,
dachte ich,
bin ich hier nur hineingeraten?

DAS LACHEN

In einem dieser Augenblicke,
in denen du nicht sicher bist,
ob das, was du siehst,
wirklich passiert
oder ob es nur
das Produkt deiner Einbildung ist,
ein Albtraum,
der dich schon jahrelang heimsucht,
der nun aber seinen
schrecklichen,
unausweichlichen Höhepunkt erreicht hat,

in solch einem Moment sitzt du,
in einen Pappkarton gezwängt,
dicht am Rande des Daches
eines hohen Gebäudes
und spürst,
dass der Sturm es endlich geschafft hat,
das eine Ende des Kartons anzuheben,
sodass er sich dem Abgrund zuneigt,

und weißt,
dass es dieses Mal anders ist,

nicht so wie in den letzten Nächten,
als dein Lachen dich
aus dem Schlaf riss,
noch bevor du auf dem Boden aufschlugst,
weil dir klar war,
dass es nur ein Traum war,
der dich zwar ängstigte,
dir aber nichts anhaben konnte,

nein, so ist es dieses Mal nicht,
denn du spürst
das Zerren des Windes in deinen Haaren,
du bist sicher,
dass dein Empfinden dich nicht trügt,
das dir sagt,
dass du tatsächlich kurz davorstehst,
den Halt zu verlieren,
dass du fallen wirst,
dass du nichts dagegen tun kannst,

weil du dich nicht bewegen kannst,
weil deine Arme fest
um deine Beine geschlungen sind
und deine Schultern zwischen
den starren Wänden des Kartons stecken,
sodass du nur den Kopf bewegen kannst,
um in die Tiefe unter dir zu starren,
die stumm auf dich wartet.

Lache! denkst du
und versuchst,
dich auf etwas Lustiges zu konzentrieren.
Lache! Beim letzten Mal
hat es doch auch geklappt.

Aber der Wind rast,
und deine Haare wehen,
und der Karton neigt sich weiter.

Als du stürzt,
löst sich ein Lachen aus deiner Brust,
von dem du eben noch nicht wusstest,
dass es da ist
und dass es so wie du
nur auf den Sturz gewartet hat,
um dann hinaufzufahren
und dich mit sich zu reißen.

AUTI

Hoover-kräftig!
Die Augen hinter den
spiegelnden Brillengläsern funkeln.
Dann wandern sie ab,
schauen zur Decke und eigentlich
nach innen,
dorthin, wo das kleine Gehirn
rast und kreißt.

Hoover-kräftig!
Glühend-kalte Kuh!
Die Zunge zittert
zwischen den Zähnen.
Du lächelst und stößt
den Kampfruf der Klöterkuh aus.

Weißt du was?
Eine Aufforderung,
keine Frage.

Vor vierzig Milliarden Jahren
hat der immerwährende Regen
die Meere entstehen lassen
und die Mineralien aus

dem Gestein gewaschen.
Ein Liter Meerwasser enthält
fünf Gramm Salz!

Deine Satzmelodie,
immer gleich:
tief – hoch – hoch – hoch – tief.
Du bist sechs Jahre alt.
Wer gibt dir so was zu lesen?

Was ist ein Liter? fragst du.
Und plötzlich bist du
wirklich sechs.
Hier, sag ich,
in dieser Apfelsaft-Packung:
Da ist ein Liter drinne.

Du registrierst,
du kommentierst nicht.
Du sagst nicht:
Bitte.
Danke.
Auf Wiedersehen.
Hat Spaß gemacht.

Sprache vermittelt Fakten.
Soziale Konventionen sind irrelevant.
Du weißt überhaupt nicht,
was Konventionen sind.

Und wenn du es wüsstest –
es wäre dir egal.

Hoover-kräftig!
Das Wort gefällt dir.
Dann muss ich dich ermahnen,
muss einen hoffnungslosen
erzieherischen Vorstoß wagen.
Jetzt anziehen und dann zum Kindergarten!
Du blockst.
Ich argumentiere.
Die Argumentation scheint dich
zu überzeugen,
denn du blockst weiter:
Das grrrüne Blut fließt ins
ssschwarze Blut!
Ich bleibe hart,
gebe den Kampf noch nicht verloren.

Denke: Scheiß auf Konfrontation.
Versuchs mit Ablenkung:
Was unterscheidet nochmal
einen Stern von einem Planeten?
Ich hab's schon wieder vergessen.
Notlüge.
Den Vortrag habe ich schon
zehnmal gehört.

Also, ein Ste-han …
Tief – tief – tief – hoch – tief – hoch

(emphatisch)
Komm, erklär's mir doch
in deinem Zimmer.
Der Bann ist gebrochen,
doch der Kampf nur gestundet.

ELTERNABEND

Ich erreiche diesen tranceähnlichen Zustand,
vor dem mir schon vor zwei Stunden graute.
Oder waren es drei?

Es riecht nach Mensch und Knoblauch.
Die Stimmen rücken in die Ferne,
und das weiße Rauschen schwillt an.

Mein Hintern schmerzt.
Mein Mund ist trocken.
Mich dürstet!

Er spricht erneut.
Es soll wohl wieder witzig sein.
So stopft ihm doch das Maul!

Ich kann nicht.
Ich bin schon
ganz
weit
weg.

WEGE UND BAHNEN

Wenn Uhtred,
der Krieger, den es nie gegeben
und der zehntausendfach
wohl existierte,
den Ausgang einer Schlacht
erahnen wollte,
betrachtete den Flug der Krähen er
und suchte zu ergründen,
was ihre Bahn
ihm über seine Zukunft sagen konnte.

Was sagt wohl,
frag ich mich,
die Flugbahn dieser Möwe,
die jetzt im Wind fast stehend
sich auf das glänzend gelbe Dach
des Korbstuhls niederlässt,
über den Weg des adipösen Mannes,
der auf dem Dreirad sitzend
an mir vorüber radelt?

Was über diesen Jungen,
der hier mit schiefen Zähnen

im Rollstuhl von den Eltern
vorbeigeschoben wird?

Was über Heerscharen von Rentnern
in grauen Daunenjacken
oder den Mann, der seine Burg aus Sand
mit Eimerzinnen ziert?

Und was wohl über mich
und dich
und uns,
die wir uns längst
auf fremden Bahnen finden
und jeder seinen Weg
auf seine Weise sucht?

Jetzt kommt doch eine fette Krähe
und jagt die Möwe fort.
Sie hat auch recht.
Ich will es gar nicht wissen.

ICH SEHE AUS DEM FENSTER

auf die Straße,
entdecke dich
nicht zufällig –
ich stehe schon
recht lange hier.

Du schlenderst
mit einer Selbstverständlichkeit,
als würde alles
darauf warten,
dass du nur
deine Wünsche nennst.

Ein Minikleid trägst du und
eine gelbe Mütze.
Keines der Häuser kennst du,
keinen der Namen.
Und doch gehört
die Straße dir.

Gemeinsam essen wir.
Niemals zuvor hast du
die anderen gesehen.
Du weißt von ihnen nur

aus meinen Briefen.
Und doch blickst du sie an,
als lebtest du bei uns.

Später am Abend wandern wir
zur Burgruine
und stehen auf der alten Zinne,
bis du den Sturm nicht mehr erträgst.
Und weil wir noch nicht müde sind
und noch so viel zu sagen haben,
gehen wir hinab ins Tal.

Du trinkst am Wasserhahn
des stillen, dunklen Friedhofs.
Dann führe ich dich weiter
zur Koppel jener Esel,
die ich für dich fotografierte.
Du lachst darüber,
dass ich von ihnen spreche
wie über alte Freunde.

Später, unter den Bäumen,
in absoluter Finsternis,
hakst du dich bei mir ein.
Ich liebe deine Nähe,
bedauere es,
als du mich wieder loslässt,
weil nun der Boden fester wird.

Zurück in meinem Zimmer.
Wir reden über Kunst,
berühren uns nur flüchtig,
als ginge es nicht anders.
Dann duschst du heiß
und ohne mich,
nimmst mich zum Abschied
in den Arm.

Ich seh dir nach, wie du
dich zögerlich entfernst.
Nicht ganz so zielstrebig
wie noch vorhin
ist jetzt dein Schritt.
Und dieser Schmerz,
den ich da spüre, —

wird der in den Gedichten
süß genannt?

WUT

Wut
ist eine Beschützerin,
sagst du.

Und noch ehe ich mich fragen kann,
wie du das meinst,
wundere ich mich darüber,
dass sie für dich weiblich ist.
Bis ich merke, dass das schon
allein grammatisch richtig ist.

Doch unabhängig davon frage ich mich,
ob das nicht auch
ein tröstlicher Gedanke ist,
wenn sie nicht Wotan,
sondern Wut ist,
eine schwesterliche Fürstreiterin.

Sie macht für dich
die Räume weit, sagst du,
hält dich am Leben.

Ah, sage ich, aha, okay?

Hast du dir denn, sagst du,
Zeit genommen, um dich zu fragen,
wie es dir mit allem geht?

Hm, nicht so wirklich, sage ich,
nur in kleinen Dosen.

Wenn ich mit dir spreche,
dann spüre ich Wut,
deine Wut.
Sie ballt sich hier zusammen, sagst du,
und hältst eine geballte Faust
vor deine Brust.
Ich spüre das, sagst du,
mir wird davon ganz schlecht.

Dann lächelst du aufmunternd,
meine Wut wachrufend.
Ich spüre in mich hinein,
und tatsächlich:
Da glimmt etwas,
dunkel, vage schlummernd.
Es atmet flach und doch beständig.
Es fühlt sich an wie Tränen,
die nicht wissen, dass sie fließen wollen,
wie ein Schrei, der nichts bedeutet,
aber alles sagt.

Ja, sage ich und räuspere mich,
stimmt, da ist wirklich was.

Deshalb sitze ich jetzt hier
im Schatten einer Eiche,
unter der alten Kirche
und blicke übers Tal
und suche meine Wut,
während unten Autos rauschen
und Ziegen meckernd
an mir vorüber wandern.

Wo bist du, schwesterliche Wut,
die mir die Räume weitet
und mich am Leben halten will?

Ich komme gleich, sagt sie,
wenn du dich ausgeruht,
wenn du den Tränen
ihren Lauf gelassen hast,
dann bin ich da.

Du brauchst mich nicht zu suchen.
Die ganze Zeit bin ich schon da.

DÉJÀ-VU

Als Kind der Siebziger weiß ich,
wie das ist,
von einem misanthropischen,
chronisch untervögelten
Erwachsenen
zur Schnecke gemacht zu werden.

Man traf sie am Schalter
des Postamtes oder
in der Abteilung für
Unterhaltungselektronik.

Arschlöcher,
deren Tag nur dann
von ihnen als erfolgreich
empfunden wurde,
wenn sie wenigstens einmal
einen ahnungslosen Mitmenschen
zusammengeschissen hatten.

Heute hatte ich ein Déjà-vu,
die Begegnung mit einer Spezies,
die ich für ausgestorben
gehalten hatte.

Mein Anruf beim Kundendienst
der Marburger Stadtwerke
verlief angenehm.
Die Mitarbeiterin gab sich keine Mühe
zu verheimlichen, dass sie mich
so schnell wie möglich
loswerden wollte.

Doch blieb sie freundlich,
ein lichtdurchfluteter Vorhof
professioneller Nettigkeit
vor den Stufen hinab
zu den Katakomben,
in denen andere Wesen lauern.
Sie vermittelte mich an eine Abteilung,
die sie für mich für zuständig hielt.

Der männliche Mitarbeiter
konnte sein Genervtsein
nur schwer verbergen.
In Wahrheit machte er sich
kaum die Mühe, es zu versuchen.
Nein, natürlich, sagte er,
sei er nicht zuständig.
Aber er könne sich schon denken,
dass man mir das gesagt habe.
Ich solle es bitte
unter folgender Nummer versuchen.

Wen ich dort antreffen würde,
traute ich mich zu fragen,
und erwartete den Namen
einer Abteilung oder Firma.
Stattdessen gab er die Namen
zweier Männer an,
Herrn S. und Herrn W.

Unschuldig wählte ich
die mir empfohlene Nummer
und musste nur wenige
Klingeltöne abwarten,
um urplötzlich
eine Reise anzutreten,
eine Zeitreise in meine Kindheit.

Ich sei überhaupt nicht sein Kunde,
und ich solle gefälligst
meinen Anbieter anrufen,
und ich solle ihn nicht nerven
und nicht raten und nicht planlos
durch die Gegend telefonieren,
und ich müsse dieses
und solle verdammt noch mal jenes,
und wie ich auf die Idee käme,
und so weiter und so fort.

Zwischen seinen Tiraden
ließ er Pausen,

die ich als Aufforderungen
verstand zu antworten,
doch was immer ich sagte,
wollte er gar nicht hören.

Dieses Gespräch,
so wurde mir klar,
war kein Austausch von Informationen,
sondern eine rhetorische Sparring-Runde
mit einem prähistorischen Herrenmenschen,
den man tief in seiner Bürohöhle hausend
vor Jahrzehnten vergessen hatte.

Vielen Dank, sagte ich
so höflich ich konnte,
für ihre freundliche Auskunft.
Tschüss.

Noch bevor ich
den roten Knopf zum Auflegen
berühren konnte,
hörte ich sein gebelltes
AUFWIEDERHÖREN,
und wusste,
dass er meinen Mittelfinger
gesehen hatte.

TOTSCHLAG

Das ist nicht
das Ende der Welt,
sagte der Totschläger.

Es ging mir
schon mal schlechter,
sagte das Opfer.

Genau,
sagte der Totschläger
und schlug das Opfer tot.

VON DRÜBEN

Von drüben, von der großen Stadt,
weht eine leichte Brise.
Sie kühlt ein wenig, hebt ein wenig
eine schwere Strähne.
Der Kopf ist leicht geneigt.
Die Augen sind verhangen.
Und gegen einen strahlend blauen Himmel
schmerzt der Blick.

Wenn jetzt das Haar sich wieder legt,
scheint etwas rötlich auf.

Dein Haar hängt wild,
und Fetzen deiner Kopfhaut haben
sich im Holz verfangen,
im scharfen Dickicht junger Dornen,
die aus dem Schädel sprießen.
Gestrüpp und Haare, blutig beide,
beide blutverschmiert.

Ist das dein Mund?
Ist das dein Speichel,
der dem blinden Bettler half?

Wo sind die Zähne?
Warum klafft dein Mund so auf?

Vor ein paar Tagen hattest du noch
glatte, braune Haut.
Jetzt gähnt dein Fleisch nach Ruhe.
Hast du dich nicht gewehrt?
Hat niemand dich verteidigt?
Wer war das, der den Nagel
durch die Fersenbeine trieb?

Wer hat dich aufgepflanzt
im Müll der großen Stadt?

DEN STIER BEI DEN HÖRNERN PACKEN – EIN GESPRÄCH UNTER DEN PFERDEN DES ACHILLEUS

Der Krieg um die große Stadt Troja, der später von den Dichtern besungen werden wird, ist voll entbrannt. Unter der Führung ihres Helden Hektor hat das trojanische Heer die Sicherheit der Stadtmauern verlassen, die Griechen bei ihren Schiffen angegriffen und es beinahe geschafft, sie in Brand zu setzen.

Doch nun wendet sich das Blatt. Angeführt von dem jungen Helden Patroklos, dem engen Freund des göttlichen Achilleus, schlagen die Griechen die Trojaner zurück. Im Streitwagen des Achilleus, der gezogen wird von den unsterblichen Pferden Xanthos und Balios und ihrem mächtigen Beipferd Pedasos, stößt der unerschrockene Patroklos immer dort hinein, wo die Feinde am dichtesten stehen und richtet ein fürchterliches Gemetzel an.

Mitten im Getümmel diskutieren die Pferde über ein bekanntes Sprichwort.

PEDASOS: Den Stier bei den Hörnern zu packen, ist das eine. Mit dem klarzukommen, was anschließend passiert, ist eine völlig andere Sache.

(Er muss einen Schritt zur Seite machen, denn der Speer des Patroklos hat den Oberschenkelknochen des Areilykos zersplittert, sodass der Mann den Pferden vor die Hufe fällt. Als sie vorbeirasen, gibt Menelaos ihm gerade den Rest.)

BALIOS: Das ist wahr. Es gibt Menschen, die deshalb glauben, dass es ratsamer sei, auf ihm zu sitzen, statt vor ihm zu stehen. Denn es hat den Vorteil, dass der Stier den auf ihm Sitzenden nicht aufspießen kann.

(Er schaudert, als ihn ein Schwall Blut trifft. Gerade hat Idomeneus dem Erymas seinen Speer ins Gesicht gestoßen, sodass die Spitze am Hinterkopf wieder austritt. Das Blut schießt ihm aus Auge, Mund und Nase.)

XANTHOS: Es stellen sich dadurch jedoch neue Herausforderungen.

PEDASOS: Richtig. Denn es ist möglich, wenn nicht sogar wahrscheinlich, dass er nicht geritten werden möchte. In diesem Falle wird er sich wehren und versuchen, den Reiter abzuwerfen.

(Die Trojaner fliehen aus der befestigten Anlage der Griechen am Strand; der Kampf lässt den Wall und den

*Graben hinter sich und verlagert sich in die Ebene vor
der Stadt. Patroklos lenkt den Wagen dorthin, wo die
meisten Kämpfer sich drängen. Die unsterblichen Pfer-
de des Achilleus setzen über den Graben hinweg, auf
der Suche nach dem trojanischen Anführer Hektor;
doch dessen Pferde sind durchgegangen und Richtung
Stadt geflohen. Patroklos treibt die Trojaner zurück zu
den Schiffen und tötet sie dort einen nach dem ande-
ren.)*

BALIOS: In solch einer Situation drängt sich die Frage
auf, ob es weiterhin ratsam sei, die Hörner gepackt zu
halten. Sollte man nicht besser loslassen?

PEDASOS: Aber was dann? Wird der Stier den Reiter
nicht abwerfen?

*(Patroklos stößt dem Thestor, dem Sohn Enops, der
verängstigt in seinem Wagen kauert, den Speer rechts
in die Backe und durchbohrt dessen Zähne, dann zieht
er ihn aus dem Wagen heraus wie einen Fisch am
Spieß und schleudert ihn zu Boden, wo er stirbt.)*

XANTHOS: Mit Sicherheit.

BALIOS: Wohin soll er dann fliehen? Wird sich der Stier
nicht umdrehen und ihn zertreten oder eben doch auf-
spießen?

XANTHOS: Natürlich.

(Sie halten. Patroklos springt vom Wagen, ergreift einen großen Stein und zertrümmert damit den Schädel des Erylaos.)

PEDASOS: Es sei denn, es gelingt dem Reiter, der jetzt kein Reiter mehr ist, sich vor den Stier zu stellen und ihn von dort aus an den Hörnern zu packen.

BALIOS: Ist das klug?

PEDASOS: Womöglich nicht. Aber wenn er es täte: Was würde dann wohl passieren?

(Er schnaubt entrüstet, als ein sterbender trojanischer Wagenlenker aus seinem Gefährt stürzt und mit blutigen Händen seine Flanke beschmutzt. Balios drückt mit den Hufen den Brustkorb des Mannes ein.)

XANTHOS: Der Stier würde den Kopf hin und her werfen und versuchen, sich loszureißen.

BALIOS: Würde es dem Menschen gelingen, die Hörner dennoch festzuhalten?

PEDASOS: Vielleicht, wenn es sich um Herkules oder Achilleus handelt.

XANTHOS: Oder Hektor.

BALIOS: Und wenn nicht?

XANTHOS: Dann nicht.

(Der Trojaner Sarpedon hat genug von Patroklos' Ge-metzel. Beide springen von ihren Wagen und gehen auf-einander los. Der Grieche hat, bevor sie aufeinandertreffen, noch Zeit, dem Sthenelaos mit ei-nem Steinblock das Genick zu brechen.

Die Pferde stehen jetzt, bewacht durch den Wagenlen-ker Automedon, und beobachten, was passiert. Um sie herum wogt die Schlacht.)

PEDASOS: Ob man nun also auf dem Stier sitzt oder vor ihm steht — es scheint in Wirklichkeit nicht mög-lich zu sein, seine Hörner zu packen und sie anschlie-ßend festzuhalten. Es drängt sich daher die Frage auf, welchen Sinn dieser Rat haben soll.

BALIOS: Welcher Rat?

PEDASOS: Der Rat, den Stier bei den Hörnern zu pa-cken.

(Patroklos schleudert seine Lanze und trifft statt Sarpe-don dessen Waffengefährten Thrasymelos in den unte-ren Bauch. Die Lanze des Trojaners verfehlt ebenfalls ihr Ziel, trifft dafür aber das Pferd Pedasos in die rechte Schulter, das zu Boden fällt und stirbt. Die beiden ande-ren Pferde springen zur Seite, versuchen davonzulaufen

und geraten ins Straucheln, weil das Geschirr durch den toten Körper ihres Gefährten herabgezogen wird.)

XANTHOS *(keuchend ums Gleichgewicht ringend)*: Man sollte die Frage stellen, wer dies rät. Es steht zu vermuten, dass es nicht die sind, die vor dem Stier stehen.

BALIOS *(der den Kopf nach hinten wirft und wild mit den Augen rollt)*: Es sind also die Umstehenden. Was sollten sie sonst raten?

XANTHOS *(während seine hinteren Hufe auf der Suche nach Halt über den Felsen scharren)*: Sie könnten darauf hinweisen, dass die Möglichkeit besteht, davonzulaufen.

(Jetzt ist endlich Automedon zur Stelle, der mit seinem Schwert das Geschirr durchschlägt, mit dem Pedasos an den anderen befestigt ist, und die beiden Unsterblichen können sich wieder frei bewegen. Sie traben aus und bleiben stehen.)

BALIOS *(vom Tod des Gefährten sichtlich erschüttert)*: Ist der Stier nicht zu schnell?

XANTHOS *(der ebenfalls Mühe hat, sich auf das Kampfgetümmel um sie herum zu konzentrieren)*: Womöglich. Dennoch bestünde die Chance, ihm zu entkommen. Das käme selbstverständlich auf die gegebenen Umstände an. Verwinkelte Gassen etwa wären günstig, um ihm zu entfliehen. Eine Weide dagegen nicht.

(Erneut verfehlt Sarpedons Lanze Patroklos, doch der Grieche trifft den Gegner dieses Mal mit dem Speer in den Bauch, wo das Zwerchfell sitzt, sodass er sich heulend vor Schmerz auf dem Boden windet. Er stirbt, als Patroklos seinen Fuß auf dessen Brust setzt und Speer samt Zwerchfell aus dem Körper herauszieht.)

BALIOS: Wenn nun die Umstände ungünstig sind, wäre es da nicht ratsamer, den Stier bei den Hörnern zu packen?

XANTHOS: Nicht unbedingt ratsamer. Doch am Ende wäre es wohl egal. Das Ergebnis wäre in etwa das gleiche.

(Die Trojaner haben genug. Sie fliehen, angeführt von Hektor, zurück zur Stadt. Patroklos befiehlt Automedon, die Pferde anzutreiben und den Trojanern nachzusetzen. Damit beschließt er seinen Untergang.)

BALIOS *(über das Brausen des Fahrtwindes hinweg rufend)*: Warum also wird geraten, einen Stier bei den Hörnern zu packen?

(Sein vorderer Huf zertrümmert das Brustbein eines gefallenen trojanischen Kriegers.)

XANTHOS *(ebenfalls rufend)*: Argumentiert wird im Allgemeinen mit einer Art Heroismus. Man stellt sich vor, dass es ehrenhafter sei, einen angreifenden Stier bei den Hörnern zu packen, als vor ihm davonzulaufen. Außerdem, so wird behauptet, sei es Erfolg versprechender.

(Während ihres wilden Rittes auf die belagerte Stadt zu, tötet Patroklos jede Menge weiterer Feinde. Es scheint nur eine Frage der Zeit zu sein, bis er Troja fast im Alleingang einnimmt.)

BALIOS: Worin könnte der Erfolg denn bestehen? Soll man es etwa darauf anlegen, den Stier zu Boden zu werfen?

XANTHOS: Das wird wohl kaum gelingen.

(Der Gott Phoibos Apollon tritt Patroklos entgegen und drängt ihn zurück. Wieder greift der Grieche an. Und erneut wehrt Apollon ihn ab. Dies geschieht noch ein weiteres Mal.)

BALIOS *(verunsichert, weil er nicht erkennen kann, an welcher Barriere ihre Angriffe scheitern)*: Was sonst könnte das Ziel des Unterfangens sein? Geht es darum, ihn festzuhalten?

XANTHOS *(der sich ebenfalls beunruhigt umschaut, wie geistesabwesend)*: In diesem Falle wäre es ihm immerhin nicht möglich, den Menschen aufzuspießen.

BALIOS: Das ist wahr. Aber wie lange soll dieses Festhalten andauern?

(Als sie einen vierten Anlauf machen, die Stadt einzunehmen, spricht der Gott. Er warnt den Helden, dass sein Unterfangen aussichtslos ist, weil er die Götter gegen sich hat. Patroklos weicht zurück. Hektor, aufgestachelt von Apollon, stürmt ihm entgegen. Patroklos springt von seinem Wagen, ergreift einen großen Stein und schleudert ihn mit derartiger Wucht an den Kopf von Kebriones, dem Wagenlenker Hektors, dass er ihm die Stirn einschlägt, sodass die Augen herausfallen. Der getroffene Kämpfer stürzt aus dem Wagen zur Erde. Patroklos, der die Leiche plündern, und Hektor, der den Freund verteidigen will, geraten aneinander und kämpfen verbittert, Mann gegen Mann. Die Pferde stehen jetzt wieder abseits und beobachten den Zweikampf.)

XANTHOS *(schnaubend und die Mähne schüttelnd)*: Das einzig sinnvolle Ziel scheint darin zu bestehen, dass dieser Ringkampf ausgetragen wird, bis einer der beiden Kontrahenten davon ablässt. Es wird also obsiegen, wer länger durchhält.

(Die Griechen erobern die Leiche des Wagenlenkers und deren Rüstung. Patroklos stürzt wieder und wieder mitten hinein in die feindlichen Kämpfer und tötet viele von ihnen.)

BALIOS: Und wer wird das Ihrer Meinung nach sein?

(Plötzlich tritt von hinten Phoibos Apollon an Patroklos heran, streift seine Rüstung von den Schultern und zerbricht seine Waffe, sodass er wehrlos dasteht. Ein Speer trifft ihn zwischen den Schultern. Der junge Held versucht, sich in Sicherheit zu bringen, doch Hektor läuft ihm nach und durchbohrt ihm mit der Lanze die Hüfte, sodass er stirbt.)

XANTHOS: Das fragen Sie ernsthaft?

Gofi Müller, geboren 1970 in Bremen, ist Autor, Künstler, Podcaster und Coach und lebt in Marburg. Er veröffentlicht Bücher und manchmal auch Musikalben, stellt seine Gemälde aus und hält Lesungen. Er ist der Miterfinder und Co-Host des Podcasts Hossa Talk und der Co-Host und Produzent des Podcasts Cobains Erben. Außerdem verantwortet er das Cobains Erben WebMag, das literarische Texte und Kunstwerke oft noch unbekannter Künstler*innen präsentiert.